Gisela Noy Gedichte
Atemsäule

Atelier Verlag Andernach

Für Inge

I
Täglicher Anschlag

LIEDER ÜBER'S JAHR

Frühling blaues Band
Fleischesfessel
Zerschnitten im kältesten
der Sommer
Es ist ein Schnitter
fährt ein
die Ernte zum Herbst
zu lange auf Eis
lag mein winterlich Herz
sah ein Knab ein Röslein
den stach ich

SUMMERTIME I

Summertime perlend geht die Haut
davon ein Rinnsal Müdigkeit im Stundenglas
schnappt das Herz heftiger nach Luft
schwellen die Adern drängt das Blut
hinaus
wie ein Insekt zum Licht und schon
verbrannt
schwirrt im Flügelschlag der Angst
weil ein Verblühn auch dich begehrt
die Zunge trocken in der
Lerchenkehle

SUMMERTIME II

Die große Hure Hitze ausgebreitet
auf den Dächern liegt sie wartet
auf die nasse Nacht daß über ihren
Leib sich einer dunkel türmt und
Feuer speit. Der Himmel zuckt
grellweiß zur Erde ergießt sich
dumpf verrollt sein Zorn am Horizont.

Gepeitscht, blutunterlaufen liegt
der Mohn im Feld die Ernte kocht
die Zeit zieht wieder anderntags
unhörbar ihre Spur
durch jeden Staub.

WINTER
              (für Christina)

Äste nackt gezackt
schwarze Hieroglyphen
im Abendhimmel

Mondsichel geschliffen
Messers Schneide
im Wolkenbett

Wir unterwegs
Dein Witwenauge
schlägt eine Bresche

Ich fürchte du weißt
was bleibt ist
das Echo

unserer Schritte
auf dem eisigen Boden
der Tatsache Liebe

IM WINTER VAN GOGH

Den Himmel, Vincent, hättest du ihn
gesehen aus blauem Chiffon, den Rauhreif
geschmiegt an die blaßgelben Halme
und die Krähe, die Krähe!
Jäh und erratisch im Feld
der unverhofften
Winterzärtlichkeit.

MEIN MAIENLIED

Frühmorgens hat der Tag ein Leck
die Vögel haben deine Sorgen
schon weggesungen ehe du erwacht
in deinem Mund verfault die Nacht
in deinem Augenwinkel tanzt ein Sonnenfleck

Am Abend kriecht um's Hasenherz
Erinnerung springt auf
wie im Verlies die Tür
du schlüpfst hinaus, die Dämmerung
blüht veilchenblau ein samtenes Delir

Die Nacht legt dich zurecht für zwei
in deinen Armen unter deiner Haut
wächst dir ein Wiesenvlies
aus Himmelsschlüsseln Männertreu
und Löwenzahn, der letzte Strauß der Braut.

JAHRESWECHSEL

Vorbei die faltenlose
Haut überm Herz müdes Plissée im Augenwinkel.
Das war wieder mal ein Jahr wie's schlimmer
nicht hätte kommen
und gehen können. Das Neue für uns Alte
keinen Katzensprung mehr wert.

Oben: Feuerstern. Lichtkreisel. Regenblüten rubin-
rot.
Schwarz muß ein Himmel sein für künstliche
Beleuchtung.
Wer kein Vertraun mehr hat in Illuminationen
läßt dicht am Boden einen Knallfrosch platzen.
Das bleibt: Ein Lärm aus der Vergangenheit.

Mit spitzen Fingern halt ich
das Champagnerglas, drehe und wende
den Ersten Tag wünsche er wäre
so neu noch der Jüngste

BLANC DE CHINE

Täglich wirst du von weither
erwartet. In deinem Auge
das Fremdwort, mißtrauisch gegen
den Aufmarsch der Farben, dies Himmelsblau
sei nichts als Luft, wenn das stimmt!
Versuch hinter geschlossenen Türen
die Welt eingetaucht in Blanc de Chine
ihr gegenüber sitzend
in's Leere blicken, aber
die Ohren! die Uhr tropft,
ein Tier singt. Odysseus nahm
Wachs, aber die Haut und die
tausend Hände des Schweigens!
Täglicher Anschlag der Welt
wie jetzt wieder der Wind
den Vogelbeerbaum gegen
dein Fenster preßt, daß noch
dein Traum sich rot färbt
in der Nacht, Feindland
erobert gegen die schwache
Front des Vergessens
täglich

TAGHELL

Die Welt wird still stehn eines Tags
erst tobt sie sich noch einmal aus
dreht rasend eine Pirouette in mein Ohr
dann kippt sie, fällt mir aus
dem Menschenauge und steht still

Das Meer ist steil.
Die Wellenberge paradieren
geschlossen gegen jeden Damm
und klopfen an, dann greifen sie sich
den und wen am Kragen
am weißen Kragen ihrer Gischt
verbeugen sich und rollen ihn
zu Grunde

Die Berge fangen an zu laufen
Sie bröckeln schmelzen graben sich
im Meeresdelta Schneisen in den Sand
vielleicht: sie sprühen Funken
vielleicht: es klaffen Risse in der Wand

Noch in derselben Nacht
frißt eine Feuersbrunst sich kreuz
und quer durch Nachbars Rasen
auf seinen Hinterpfoten steht der Hund
auf seine Hinterpfoten treibt ihn
im Rachen ein Gebell

Es ist taghell.
Die Kirchenglocken haben es gewußt
schon lang, der Morgenvogel auch
als ihm sein Lied in meinem Ohr
erstickte, flügelschlagend starb
heut früh um sechs
die Welt
wie still
sie stand

SEI'S DRUM

Zieht sich so hin die Nacht rinnt
so herab an meiner blinden Scheibe träufelt
tropfenweise in mein Ohr
da rein da nicht mehr raus
geschieht so gar nichts kein Verlangen
überwältigt meine dünne Haut Geduld
Konserven alter Sehnsucht gut verschlossen
in der Vorratskammer. An's Eingemachte
gehn wir erst wenn Hungersnot uns treibt
dann aber schlingen wir auf einen Schlag
herunter was uns würgt bis zum Verbrechen
Nichts davon nichts heut nacht tickt meine Uhr
so zuverlässig wie mein Herz
graut auch der Himmel wie erwartet
wird zwischen fünf und sechs
ein Sonnenstrahl mir keck die Wimpern kitzeln
sei's drum, dies bißchen Naß vom Himmel
und daß die Nacht stets länger währt
als jeder Tag - wer wüßt es nicht
nur Liebenden erscheint sie oft zu kurz
der kleine Tod währt keine Ewigkeit
und wenn nennt man ihn süß so möcht ich
sterben hast du mir verraten, das Leben
an den Nagel hängen den Hut von
Hänschenklein
dazu doch eine Bleibe wenn
der Regen rinnt hätt ich wohl gern
wie jeder Wandersmann die Arche Noah

für den Wolkenbruch ohn Ende vor uns
die Sintflut, le déluge, aber weit gefehlt
am Morgen ist doch alles so wie immer
geschehen
Zeichen Wunder wohl
nur anderswo
allein
das frische Grün im Gras läßt ahnen
daß wer lange durstet
unter fremden Händen
zu Staub zerfällt

TROUVAILLE

Abgestreift
den weichen
Raupenpelz
gesprengt
den harten
Kokon

die Stimme
auf den Kammerton
gestrichen
geeicht
das Auge
auf die blaue Stunde

gemütlich wärmt
was war
willkommen sei
was kommt

Auge und Ohr
dem Traum
endlich entwachsen
so leg ich die Hände
zur Tat
ineinander

II

Unterwegs

DRAUSSEN I

Hol ich mir doch die Holundertraube
schwarzviolette schleimige Spur
in meinem Kinderkleid
aber der Duft.
Früh gewittert
im Gegenwind flattert
der Lust herbstes Ende
mir zu.

DRAUSSEN II

Am hellen Nachmittag bricht
eine schwarze Wand die Nacht
in's Haus.
Der Wind hat Zähne. Der Regen nagelt
jedes Staubkorn in die Erde.
Wie dunkle Lappen fliegen
die Fichten vor dem Fenster durch die Luft.

Man weiß es: kommt die Katze
erst gekrochen, ist
Unheil überall. Jetzt:
etwas Einfaches tun
den Laib Brot teilen. Ein Tuch zusammenfalten.
Angst! sagt mein Kind
und ich: Doch nicht hier drinnen!
Schon saust ein Ziegel
sekantenscharf an uns vorbei.
Angst. Wer möchte schon
entwurzelt sein und
quer da liegen?
Doch nicht hier drinnen...
Der Sturm pfeift mich aus.
Draußen, sagt das Kind, ist immer
alles größer als drinnen
und die Himmelsorgel
spielt ihren Tusch dazu.

DRAUSSEN III

Leichtes Spiel
hat heute der Wind
ein Hauch nur und die Blätter
gehen unter ihm zu Boden.
          Fällig auch ich.

Hochglänzend
und in Jogginghosen kostümiert
keucht in meinem Rücken
das Leben vorbei
und immer im Kreis
          Nicht unser Reigen.

Teilen wir lieber
trockenes Brot
mit all unseren Entchen
denen ein Gott das Gelächter
schamloser alter Weiber
verpaßte –

Übrigens: gestern
lief mir doch
meine alte Liebe
über den Weg und ich
mußte gerade

meine Brille putzen
      Minuten später
lag in ihr
bereits ein anderes Bild

Kopfüber und golden die Birke im See

Ohne Frage, langsam kehren
sich die Verhältnisse um.
Man kann seinen Augen
nicht mehr trauen
wäre der Himmel heute nicht so
in blaues Glanzpapier gewickelt
es müßte doch
nach menschlichem Ermessen
längst November sein.

LANDSCHAFTEN UNVERHOFFT

Kirschblüte hier auf diesem Friedhof
im Bergischen tropft Frédérics Nocturne
rosiger Schnee, trunken von Japan, auf die
Gräber

Und hier in dem Café zieht hin die Karawane
Sanddüne, Contes Liebeslied für Max, sein
Auf und Ab im Blick, im Hals, furchtlose Demut

Im Schenkel so das sanfte Wiegen aus der Hüfte
hat auch mein Kind beim ersten Rumbaschritt im
Zimmer
den Zuckerhut im leichten blonden Blut

Die Arme dazu sanft gebogen, Hofknicks
der Föhren, Schneeschmelze im Fjord
mein Lied rinnt aufwärts

Und unter mir im Berg das große nasse Auge
von Maria Laach, die Mönche schreiten
in chromatischen Spiralen

Den Himmel ab. Oase mir:
Ein Auge, das dich weiß und läßt.

VACANZE

Wir wollen zu Land ausfahren
es genügt uns, was wir hier haben
nicht mehr
wenn erst Gesichter vor südlichem Himmel
an Glanz gewinnen
und die Fremde uns häutet
widerfährt uns vielleicht
in lautloser Sprache
ein neues Wort

Sprich nicht von Rückkehr!
Uns wird, was wir hatten
nie mehr genügen
schon hat mein Auge den Pfeil der Sonne
mein Ohr den fremden Gesang
bestanden
ich habe
den Abschied gewählt.
Wenn erst mein Fuß
in Siebenmeilenstiefel paßt
wenn nackt ich im Winter nicht frier
und meine Hand den Regenbogen spannt

Dann kehr wenn du willst zurück
und laß genug sein

EL HIERRO

Mehr als ein Meer
braucht es
den Fels zu höhlen

Über uns schwimmt
der Hängemattenmond

Die Erde ein nacktes Skelett
kein Baum kein Strauch nicht irgendein
grünes Moos als Lager
dies beinharte Land
ist zum Verhungern gut

Mehr als ein Meer
füllt salzig meine Augen
als ich kniend gegen dich treibe
Fels
mit der langen Geduld derer
die lautlos zerschellen

VALDEMOSSA

Lotrecht stürzen die Felsen
dazwischen schmiegt sich
das Meer als suchte es
kleineren Raum

Im Trichter der Schlucht
kauerst du schaust
der Sonne nach die zuckend
aus deinem Schattentag tanzt

Geschlossene Läden verlassener Häuser
Freund uns die Katzen
schleichen heran säumen
ein Fries von Sphinxen
die Mauer des Hafens

Dein Schweigen und meins
in dieser Zeit und
an diesem Ort
das jeden entläßt

Macht
uns beredt Tage später

AUF DER SCHAUKEL

Das hier
ist was für Kinder
viel zu lange
sind meine Beine
taugen zum Abstoß zwar
aber den himmlischen Flug
bremsen sie
kürzere Beine
von Lügen und Kindern
braucht es zum Fliegen
und einen im Rücken
der den Anstoß dir gibt
aber das hier
Monsieur Fragonard
mit Röckewehen und Juchhee
nein, nein
kein Jubel mehr
kein Jauchzen

Wohl noch:
den Kopf in den Nacken
hintüber legen
leichtleicht
wiegt da ein Weißdornzweig
steckt so als Brosche

hell am ciel bleu
das geht noch
kopfüber kopfunter
Balance

Schön wäre auch wieder
dies AufAb HinHer
auf meiner tanzenden Matratze
so mich wiegend und wogend
verebbte das Leben
in meinen Schlaf

AUF DEM JAHRMARKT

Was, wenn nicht Erinnerung
trieb jährlich uns
in das bunte Versprechen
wo alles parat lag
Wunder in Tüten
die freie Auswahl
an Ketten klirrte
dein Glück gegen meins
im florentinischen Himmel.
Du trafst in's Schwarze
die Plastikrose
hielt ewig, zuletzt
harrten unser
niedliche Schrecken
auf der Geisterbahn

Drehtdreht sich
das Karussell
parat liegt noch
eine letzte kein Zweifel
sehr große zum Fürchten
gewisse Überraschung.

IM TOTENHAUS

Weiß. Auch das Tuch und die Lider
geschlossen die Hände gefaltet
es färbt sich das Blut nicht mehr rot.
Gleich
und gleich gesellt sich
reisefertig gebettet am Zeh ein Schild
das Ticket gen Himmel economy class

So ist das Leben
sagt der Bestatter
am Abend beim Wein

AUF DEM FRIEDHOF

Harmlos wartet ein Stück Rasen
auf die nächsten die in pace
ruhen wollen Seit an Seit

Winzig flackert windgeschützt
ewig ihr Licht in der roten
Laterne

Ich aber kenn einen
der will verscharrt sein
oder in alle Winde verstreut
oder in Sackleinen eingenäht
über die Reling gekippt

Dabei hat er mich doch
als er mich nahm
überzeugt

von der Auferstehung des Fleisches

KALTSÜSS

Luft schnappen, sagte sie sich
und trat an
zum Abendgang über die Felder
geriet
auf der Mitte des Ackers
unverhofft
zwischen die Fronten

Vor ihr schiebt sich
fruchtrund aprikosen
der Mond auf den Horizont

Hinter ihr ballt sich
asphaltgrau mit leuchtendem Saum
die Schwadron der Wolken zusammen

Gebannt schlägt je
ihr Fuß eine Wurzel
Feuerschutz gibt
siebenköpfig der Drache
des Werks

      Endlich
siegt grinsend der Mond
steigt in den gelben Zenith

Sie pflückt die Trophäe
drei Rüben verbotene Frucht
füllt ihr den Mund: kaltsüss

DER WEG DAHIN

Heut gehe ich
sagte sie, hatte
seit Wochen
keinen Fuß vor die Tür
gesetzt

Heut gehe ich bis
aber die Knochen der Rücken das Herz

Heut gehe ich bis zu
den singenden Vögeln

Man fand sie
zu Füßen das Mastes
was einmal ihr Leib war
auf den Drähten die Lerchen
telefonierten schon
mit dem Himmel.

III

Limes

LIMES

Ein Riß durch's Herz

Das ist die Grenze
über die wir
einfallen in gesegnetes Land
unbefriedet befriedigt
beweinen wir
den trockenen Boden
unfruchtbaren Schoßes
und Spermatozoen schießen
was das Zeug hält
in's Leere

Wie?
Das soll schon alles
gewesen sein?
Dies Keuchen und Schwitzen
für Nichts
und wieder nichts
dies Augenverdrehn

Mir ist als hätten
die von Liebe sungen
anderes gemeint

ICH BIN SO FREI

Omnia mea mecum
Diner's Club mein ganzes Gepäck
bin liquide fließe
jedem durch die Finger
und den Frauen in den Mund
aber nur für eine Stund
länger bleib ich nicht
nirgends

Hab mein Wagen Cabrio
vollgeladen mit Luft
quer durch alle Nester
ras ich und schrecke
die Angsthasenherzen
ich bin so frei
fall katergleich durch jede Hintertür
in euer bedürftiges Herz
aber nur für eine Stund
für eine nicht lange Weil
dann wieder: on the road
spann ich den Fallschirm
im Schleudersitz erst
lebt es sich göttlich

IN DIE NACHT GESPROCHEN

Gut denn. Blauer noch
schien mir kein Auge, rascher
zerstob kein Wunsch unterm
Wimpernrand
      Augustnacht
Ganz aufgeblasen
    der Mond.

Über die kalten
Heizkörperrippen
kriecht, groß wie mein Auge
ein Tier, groß wie mein
Grauen
vor der Sterblichkeit
deines Lächelns, Geliebter

      - gut denn:
Einmal wird die Chinesische Träne
den Lidspalt mir öffnen und
runden, es darf
sich spalten sein ältester Teil

      Ich
bin's zufrieden
denn noch kennt deine Haut mich
rühr ich an dich
im Zufall
der arglosen Nacht.

IN EINER FREMDEN KÜCHE

Zu Gast im Weiß
deiner Wände, an Nadeln
hängen Geschichten
der Landeplätze des Zugvogels
Ich sehe ihn
trudeln, noch bin ich
nicht gegangen, jetzt
knarren die Dielen
mein Schuh will
ihm etwas sagen
ach, geschlossen
bleiben seine Augen
im Zimmer nebenan.

CHE FARE SENZA EURIDICE?

Ich hör dem Lied der Grille zu
die ganze Nacht
das Tier verrichtet
eine Arbeit, es zersägt
dem Schlaflosen die Nacht.

Ein gnadenloses Liebeslied ist's
eines vom Verlassensein
von einer Mördergrube stolz geschaufelt
bis zuletzt das eigne Herz
ihr Opfer wird.
Nein, tanzen läßt sich nicht
zu diesem Cantus firmus
nur stille stehn.
Und grübeln. Hätt ich doch. Ach,
hätt ich doch. Zum Takt des Konjunktivs
das Zimmer auf und ab begehn.
Mit einer Nagelfeile
das Herz in kleine Späne hobeln.

Erst gegen Morgen
gibt es Ruh, das Tier.
Der Tag verlangt Entschlossenheit

und schlafen darf erst
wer am Wirklichen
sich müd gerieben.

Verwitwet, sag ich
fragt mich einer
was ich bin.

DIE FALLE

Olala lachen die Beine
spreizt sich ein weißes Gebiß
zwischen den samtroten Lippen
kracht der Schuß
klipp und klar der Fall
vor dem Hochmut
haben die Götter
die Liebe
vermint

NACHHER I

Viel Licht fällt durch die Fenster
und nachher: keine Dunkelheit
es schwimmen Stimmen
aufeinander zu, vergaßen wir
einander? Oft und nie.
Viel zu besorgen
der tägliche Verlust
Geruch des Wiederfindens
in den Jahreszeiten
Musik die uns beschwor
das königliche Spiel, große Rochade
bauernschlauer Damentausch.

Es war einmal
ein Achselhöhlennest

NACHHER II

Erinnerung: die Freiheitsstrafe
das Urteil: einsitzen
in den kleinen Zellen
dein Mund warf mich aus

Erinnerung an Staubgefäße
das Heer der Zikaden, die Worte
des großen Zampanu. Und wie
wir einander erkannten, da waren
Sterne, der türkische Mond.
Nichts davon taugt
für ein Kurzzeitgedächtnis
aber du schriebst
uns in den Wind

Erinnerung - Nacktheit
in Erwartung der Häutung
dein Bruder soll sein
wer mich als nächster
berührt

BLACK BOX

Das dunklere Blut, es hat
deine Haut nicht
gefärbt

Der wehere Schrei
er spaltete nicht
meine Lippen

So bräutlich blieb
unter den Zungen, den falschen
das Laken

So leer in mir
gähnt es und lacht sich
einer in's Fäustchen

Als ob ich ihm noch
gehörte von Anfang
zu Anfang so will es

Dies Blut und macht
mir mein Brautkleid
rot
        Das ist Mord.

DAS MESSER

Ich sah
den Tag weinen.

Ich führte
das Messer am Abend
sauber
durch mein Gedächtnis.

Schlaflos
danach mein Traum
von Freiheiten, die mich
verlangen. Es gilt, dachte ich
bis mir die Augen
der Regenmacher
schloß

Als ich erwachte
weinte der Tag
deine zuckende Hälfte
tropfte von den
Blättern der Birke
meine Hand
betastete mich
das Messer stak noch
in der Wunde
ich leckte
das Blut
von der Klinge
du schmecktest
noch
süß.

ANAMNESE

Patientin gibt an

Ausgeglitten zu sein
auf der Schleimspur des Ekels
welche von grauer Farbe
und somit kaum sichtbar
zum Ausweichen ihr
keine Möglichkeit
    hätte gelassen.

Fortan jedoch
wolle sie meiden
was warm, feucht und verderblich
vor allem
Männer die schwitzen
zungenfertig allenhalben
nur des erlösenden Worts
    nicht capabel.

Verbleibt
als Unfallfolge
morgendliche Übelkeit
und ihr Blick hohlraumwärts
gewendet nach innen
da kennt sie sich
    aus.

IV

Plädoyer

CHE SARA

Zirrhus und schwirrender Schwalben
Flug, ein Wetter
kündend nichts Gutes
ahnend Flüsterbotschaft
im Schilf

Immer schon
gewartet auf Zeichen
geteilte Wolke flammende Hand
und siebensprachig
die Zunge

Jetzt
laß ich mir lieber den Mond
in den geöffneten
Schlafmund fallen, den Marder
stehlen was mir im Traum
nicht mehr einfällt
zu denken ich könnte
gemeint sein

INNEN-ARCHITEKTUR

Möbel verrücken. Den Dingen
ein neuer Platz
und siehe: schon, an anderem Ort
erscheinen sie anders
im Licht der Maserung des Eichentischs
ach uraltes Hoz, aus dem wir geschnitzt sind!
gebeizt in dunkelster Farbe
tragen wir Jahresring um Jahresring
und spiegeln uns im Glas
der Vitrine Eiche antik.

Nur eine Ecke
in diesem Zimmer
ist weiß ganz weiß
wie die Unschuld
bevor der Holzwurm
mir Löcher stanzte in's Joch
den Balken meiner Traurigkeit

IM INNERSTEN AUG'

Sandmännchens Sandkorn einst
traulich gebettet
zwischen Tagwort und Nachtgesang
in deinem innersten Aug'

es fällt
noch vor der Morgendämmerung
dem ersten Vogelschrei
fällt es wie du
aus dem quadrierten Kreis
der blauen Stunde

Kein Zweifel, bald werden
wieder Straßenbahnen kreuzen
die Meeresspiegel steigen
der Kurswert sinken
gleich wird
das Rotorblatt die Luft
in scharfe Scheiben schneiden
rot im Libellenbauche
ruht
in Äther: Transplantat und Torso
rettet sich wer kann
und dann
Kantinenfraß, Scheckkartenautomat

Die Haare möchten
dir zu Berge stehn
doch jeden Tag noch baut die Lerche

ihr Nest aus Lumpen und Geäst
sturmfest im grünen Zweig

Palmblatt im Schnabel
singt La Paloma frohe Botschaft

Wie dein Wecker: Auferstehung
jeden Tag
rolle den Stein vom Eingang des Grabes
den Berg hinauf und höre

sein Lachen
den Berg hinab.
Rückwärts zählend nicht enden bei Null
die Vorzeichen können
sich jederzeit ändern
im innersten Aug'.

DAS WASSER BIS ZUM HALS

Das Wasser bis zum Hals
so schwimm ich schwimm ich
über'n trüben Teich

Friß Vogel oder stirb!
Das läßt der Geier
sich nicht zweimal sagen
schlägt die schwarzen Schwingen
reckt den nackten Hals
entkreuzt den quergestellten Schnabel

über mir. Da seh ich
das Zyklopenauge stehn
steht gelb am Mittagshimmel
steht weiß am Abendhimmel
dies Auge
schmolz den Ikarus dahin
dörrt einen Beduinen in den Sand

Dies Auge Gottes, wüchse es
stirnmittig mir
dann wäre leicht
von Birken hell
und nah die Zunge Land
für meinen Fuß
Das Wasser fiele, es legte
der Geier seine Schwinge
als große Wimper

über's unverwandte Auge
in Flammen stünde
sein Gefieder fedrig Totenkleid
mit seiner Asche salbte ich
die auferstandne Zeit

AUSBLICK AUS DEM ARCHIV

Hier sitz ich gern, wo die Kastanienallee
die Augen mir schnurgerade in die Länge zieht
auf Abwege geriete jedweder Blick zurück
und gar im Zorn - groteske Arabeske

Zu Füßen meines Baums, in seine Wurzelhände,
leg ich, was sich gesammelt hat, auch diese letzte
Bitterkeit, einsachtzig groß
darf hier vermodern, Moos ansetzen
ein eignes Beet wird nicht mehr angelegt
dafür

Wie die Kastanie blüht, so aufrecht wäre
zwischen ihren Kerzen noch Platz für meinen Stolz
wer ahnte schon in ihren Pyramiden
den braunpolierten Leib, der sich zum Herbst hin
härtet, stachelig bewaffnet

Hier denn
nicht in Kommoden und in Truhen nicht
will mein Erinnern überwintern
Gras möchte wachsen, doch kein
Gänseblümchen
muß mir Auskunft geben, ob wer mich liebe/
oder nicht/ liebte/ oder nicht/...

Das
zupf ich mir nicht mehr zurecht
Anderes hängt an seidenen Fäden
im vierzigsten Jahr, und es hat die Puppe
platzt der Kokon, ihr kostbarstes Tuch
lang gewebt.

EDEN

Ach Gott, paradiesisch
nenn ich was andres
etwa: Adam + Eva
Rippe an Rippe
einander seit langem vertraut
in aller Nacktheit
folglich für taube Ohren
der Schlange Flüstern
erfrischend der Apfel
nicht giftige Frucht
der Engel bartlos
und keinem Geschlechte verpflichtet
sein Schwert ohne Scheide
vertriebe den Furor
des Unbedingten
Ja oder Nein

Zur Ader gelassen
das Herz, der große
und kleine Kreislauf
elastisch die kapillaren
Gefäße des Alltags, frei
die Gedanken, der Blick
und das Wort

weiß Gott, paradiesisch!
Aber
im Garten Eden
hing die Erkenntnis
am falschen Baum.

IN DER MITTE

Bergauf fließt nichts. Die Gegen-
richtung fordert den Kopf. Handstand also
bis die Füße luftgängig sind. Clownerie?
Es weint der Narr schon so lang. Etwas
ist entzwei. Sprich ruhig
das Allesklebergebet und bewahre
Respekt vor den Verfallsdaten. Von Bestand
hätten wir gern
etwas gehabt, Grabsteine vielleicht.
Ich bin, das ist mein Verdacht,
weder für alle Zeit
nochüberhauptnicht
in der zweiten Häfte
des schleichenden
Todes

ZU HÖREN

Ich sage du sagst wir wissen
lange vor Satzende bestens
Bescheid. Soll ein Lied
schlafen in allen Dingen, wir
wecken's nicht mehr.
Zeit haben
die unvollendeten Sätze unter
den enger geschnallten Rippen
Zeit bis zum Tag der Posaunen.
Satisfaktion und ein exaktes
Erinnern an diesen Mundgeruch
steht uns bevor, Falsett
gesungen jahrlang, das fault
in der Kehle.

TEMPORA

Widerstehlich geworden so mancher
und manches, wichtig jedoch
der erste Gedanke am Morgen und wie
er die Haarspitzen färbt: grau
der Tag dreht Spiralen, im Spiegel
zu ahnen das Ende der heftigen
Dimensionen, nicht aufwärts, nicht
abwärts geht es, es geht
wie es geht
zielgerade läuft kein Wunsch mehr
und manches möchte ich
nicht mehr wissen, mir
soll, was ich sehe, genügen
z.B. die Sonne
unter und aufgehen täglich
sogar über deinem Grab
Galilei

MÜDSEIN

Die Hand unter den Kopf
betten das Denken ausfließen lassen
bis in die Spitzen der Haare
das Fühlen ein Seidenwind um die
endlich bereite Haut
so Schritt für Schritt
die Welt abrückend so fallen
die Knie auseinander, die Lider zu.
Hatte ich einmal etwas gewollt?
Vielleicht langher.
So da sitzen und sitzen
und der Tod könnte
so kommend ein Freund später noch sein.

MUTATION I

Ruch von
Katakomben; Staub
im Gefieder, jahrlang
genagelt auf's Brett
im Inneren Werg
und ihr ewiger Blick von den Schränken.

Manchmal
sieht er sie
hilflos verbrennen, schürt
aber kein Feuer, läßt sich
statt dessen Nacht
für Nacht
Knopfaugen wachsen.

MUTATION II

Da, wie sie platzen, die Fratzen!
Wie aus den Grimassen das Blut
schießt, Sperma und Schleim.
Noch bricht der Damm nicht
doch in deine Augen
der Schneckenspur folgend
tritt langsam die alte
Feuchtigkeit. So
waren sie einmal
gedacht, ehe die Spiegel
blind wurden über Nacht
stumm die Sirenen
die Scheinwerfer schwarz.

KOL NIDREI*

Adagio der Wolken

-als kennten sie
das alte Stück
so senken sie sich
Schritt für Schritt
der Erde zu

Im Südfenster hängt schon
der lange der künftige
Regen, der schwere
ungelenke Flug der Elster

Schräg kriecht
ein silbernes Insekt
am Himmel hoch
pfeilgerade im Gefolge
sein Querstrich durch
die blaue Illusion

Wie strengt sie das irrende Auge an!

Gegen die Blendung
erhebt sich
der Bogenstrich des Cellos

gegen die Blendung
neigt sich
geschlossen die Wand
entlaubter Bäume, bald
wird es regnen, es taut schon
die Klage, dein Schwur
im Winterghetto
Kol nidrei

* Kol nidrei heißt ein jüdischer Bußgesang, demzufolge einem alle Schwüre
erlassen werden, die man im Laufe des Jahres geleistet hat. Max Bruch
hat dazu ein Musikstück gleichen Titels komponiert.

IMPLANTATION

Daß dieses Herz

Schlag für Schlag
die Freiheit sich nähme
auf Freiersfüßen
zu pochen an jedwede Tür
hinter der es sein
blaues Wunder vermutet

Er merkte es kaum.

An seiner Stelle
die kleine Maschine
diktierte nun
Rhythmus, Tempo und Dauer
des täglich veratmeten Lebens

Wohl machte sie ihm
ruhig Blut/ ruhig Blut

doch sein Puls ginge nie mehr
schlüpfrig auf Jagd.

L'ARTISTE

Von Kirchturm zu Kirchturm
gespannt
mein Blick und das Seil
über der Atemsäule
aus eurer Münder
Bewunderung

so setze ich Fuß für Fuß

Gelingt mir der Tanz
wird eine Weile
die Rede noch
von mir sein

Fiele ich
so schlüge ich
durch euer Nervenkitzel-
gedächtnis
auf einen Boden
der mich nie trug.

© Atelier Verlag Andernach 1997
ISBN 3-921042-52-6

Alle Rechte vorbehalten
Satz, Repro und Druckabwicklung:
ReproTec GmbH, Andernach
Druck und Weiterverarbeitung:
Oertel Druck GmbH, Andernach